LOCUS

LOCUS

在時間裡，散步

walk

walk 27
愛欲之死
作者：韓炳哲（Byung-Chul Han）
譯者：管中琪
責任編輯：潘乃慧
封面設計：廖韡
校對：聞若婷
出版者：大塊文化出版股份有限公司
105022台北市松山區南京東路四段25號11樓
www.locuspublishing.com
讀者服務專線：0800-006689
TEL：(02)87123898　FAX：(02)87123897
郵撥帳號：18955675　戶名：大塊文化出版股份有限公司
法律顧問：董安丹律師、顧慕堯律師

總經銷：大和書報圖書股份有限公司
地址：新北市新莊區五工五路2號
TEL：(02) 89902588　FAX：(02) 22901658
初版一刷：2022年6月

定價：新台幣280元
Printed in Taiwan

愛欲之死

管中琪——譯

Byung-Chul Han
韓炳哲——著

Agonie
des
Eros

目次

導讀

愛欲的盡頭或是鄉愁？

林宏濤

關於愛，每個人都有話要說。

奧德嘉．賈塞特（José Ortega y Gasset）說：「世上有兩種愛的論調。其中一類，只是泛泛之論，了無新義。另一類則得自個人的體驗，較多真諦。可以這麼說，我們所體驗到的愛情，決定了我們對愛的看法。」

可是哲學家對於愛，尤其是愛情，卻一直著墨不多。當代哲學裡除了普芬德（Alexander Pfänder）、謝勒（Max Scheler）以外，奧德嘉．賈塞特的《關於愛》（*Estudios sobre el amor*）應該是最為膾炙人口的作品，他說：「愛是一脈流水，是一精神的河，是一不斷湧現的泉。……愛不是爆炸，愛是持續的流動，是內心的放射，從愛者到被愛者。它不能一次竣工，它必須是細水長流。……愛是靈魂的離心行為，以經常的流動走向它的對象，以溫暖的肯定圍住它的對象，使我們與對象合一，並且積極地確定對象的存在。」這個關於愛的定義總是讓人吟詠再三。至於近人的著作，則當推普列希特（Richard David Precht）的《愛情的哲學》（*Liebe: ein unordentliches Gefühl*, 2009）。

德國哲學家韓炳哲的《愛欲之死》可以說是《倦怠社會》和《透明社會》的延伸，這部關於愛欲的社會病理學作品，談的是在「相同者的地獄」裡的人們為什麼失去了愛欲的能力。而其病因就在於「他者性」的消失。關於這部作品的梗概，阿蘭・巴迪歐（Alain Badiou）的序言已經為讀者爬梳得很清楚了。在導讀裡，我只想提出一個問題，那就是「請循其本」（請回到本書整個論證的前提），探究作者所說的「愛欲」（在本書裡，作者並沒有嚴格區分愛〔Liebe〕和愛欲〔Eros〕，在愛情的範疇裡，這或許是合理的）究竟所指為何。

「愛欲需要有嚴格意義下的他者，」作者如是說：「愛欲將主體從自我中拉出來，轉移到他者身上；憂鬱反而深陷於自己之中無法自拔。……愛欲能夠使人經歷他者的他者性，帶領人走出自戀地獄。愛欲啟動了心甘情願的自我犧牲與自我掏空。一種特殊的衰弱過程，掌握了愛的主體，但一股強大的感受卻也接踵而來。不過，這股感受並非我們的自我成就，而是他者的餽贈。」「愛欲是與他者的一種關係。」如果說奧德嘉．賈塞特的《關於愛》是現象學方法的操練的話，韓炳哲的《愛欲之死》，和他的《倦怠社會》和《透明社會》一樣，則一直有黑格爾的影子。不同的是，這次他更直接且誠實地探討了一下黑格爾的思考。

那麼，以下我就摘引黑格爾關於愛的種種論述原文，讓讀者理解為什麼「愛欲需要有嚴格意義下的他者」，在閱讀本書時，才跟得上作者的思考進路。

黑格爾在《法哲學原理》（*Grundlinien der Philosophie des Rechts*）裡說：「所謂愛，

一般說來，就是意識到我和另一個人的統一，使我不專為自己而孤立起來；相反地，我只有拋棄我獨立的存在，並且知道自己是和另一個人、同時也是另一個人和我自己的統一，才獲得我的自我意識。……愛的第一個環節，就是我不欲成為獨立的、孤單的人，我如果是這樣的人，就會覺得殘缺不全。至於第二個環節是，我在另一個人身上找到了自己，即獲得了他人對自己的承認，而另一個人反過來對我也是如此。因此，愛是一種最不可思議的矛盾，絕非理智所能解決的……。愛製造矛盾並解決矛盾。作為矛盾的解決，愛就是倫理性的統一。」在這段話裡，讀者已經看到本書涉及的若干重要概念，「他者」、「拋棄自我」、「在對方裡找到自我」、「獲得對方的承認」。黑格爾是在探討「家庭」時談到愛的概念：「作為精神的直接實體性的家庭，以愛為其規定，而愛則是精神對自身統一的感覺。」由於愛是主觀的、反覆無常的，所以必須以婚姻為其客觀實現：「婚姻是具有法的意義的倫理性的愛，這樣就可以消除愛中一切倏忽即逝的、反覆無常的和赤裸裸主觀的因素。」

在對於愛情理解上，黑格爾更強調的是意識拋棄自己和忘卻自己，然後享有和保存自己，他在《美學》（*Vorlesungen über die Ästhetik*）裡說：「愛的真正本質在於意識拋捨掉它自己，而且只有透過這種拋棄和遺忘，才能享有自己，保持自己。」那是「在他物中自己與自己結合在一起」。（《小邏輯》）

正如黑格爾所說的「愛是浪漫藝術的一般內容」，他所理解的愛情也是在浪漫主義的框架裡，那是一個心靈和另一個心靈的邂逅。韓炳哲在這部作品裡所理解的愛欲也是如此。柏拉圖說：「萬物渴望它所欠缺的東西。」（韓炳哲也在書裡提到《饗宴篇》這部關於「愛」的雋永對話錄。）這或許就是為什麼「他者性」是愛裡的必要條件。德國小說家尚．保羅（Jean Paul）說：「缺憾的感受決定了和所缺者的親密關係。」他者意謂著差異，人會期待讓他墜入情網的人擁有他所沒有的特質，在愛的結合當中成為一個整體，「如果我先前沒有盼望，也就不會墜入情網。」羅蘭．巴特（Roland Barthes）在《戀人絮語》（*Fragments d'un discours amoureux*）裡如是說。

這時候讀者可以進入主題了。就像奧德嘉．賈塞特的《群眾的反叛》（*La rebelión de las masas*）要說的，由於他者在現代社會裡漸漸瘖啞、黯淡，被逐出「相同的我們」的圈子，人們會變成一模一樣的群體動物，灰色的群眾沒有容顏，個人失去個性，扁平而蒼白，要在茫茫人海裡找到那個獨特的他或她，也許是緣木求魚的事吧。在消費社會裡，失去個性的人也失去愛欲的能力，這是對於現代工業社會的批判的其中一個環節。

但是，反過來說，在一切都以效率、數據和計算為基準的理性主義裡，愛欲也會是鼓吹人們反抗理性專制的重要力量，因為「人類很難忍受單調的生活。人類需要騷動，需要有所作為。換言之，對人類而言，因激情而騷動，感受心裡的活躍，深層的情感進而湧現，都是絕對必要的」（Blaise Pascal, *Discours sur les passions de l'Amour*）。正如巴塔伊在《情色論》（*L'Erotisme*）裡所說的，雖然「人類是勞工的動物……，為此，他必須放棄部分的熱情」，但是唯有性愛的熱情才能讓人類不至於被物化。「唯有動物性才能保存主體存在的真正價值。」於是，在「相同者的地獄」盡頭，或許仍然閃爍著愛欲的微光。

（本文作者現職為商周出版編輯顧問）

序

再次創造愛（Die Lieber wieder erfinden）

阿蘭・巴迪歐（Alain Badiou）

韓炳哲在這本書中強調，從長久歷史傳統賦予愛的嚴格意義來說，當今的愛受到了威脅，甚或已經死亡，至少可以說是病入膏肓。從作者為本書下的書名《愛欲之死》，即可見一斑。

但是，愛在誰的打擊下瀕臨死亡呢？自然是當代的個人主義、一切都必須在市場取得價格的必要性，以及左右個體行為的個人利益規模。其實，真愛牴觸現今資本主義、全球化世界的所有規範。並非因為在一紙簡單契約中，愛能保障兩個人和諧共處；而是單純在於，愛是對他者存在的極端經驗，或許是唯一的體驗方式。

韓炳哲提出愛（包含性在內）的現象學，論證自己的觀點，從多樣化的角度探討真愛面臨的各式威脅。他一方面描述他者性（Andersheit）的絕對經驗，另一方面，逐一指控哪些因素導致我們偏離這種經驗，甚至是禁止我們注意它的存在與結果。

因此，本書毫不留情地闡明真愛最基本的條件：真愛需要有勇氣摧毀自我，才能夠發現他者。同時，本書也概述所有的陷阱與批評：今日這個世界僅看重享樂、自戀的自我滿足，因而壓抑了愛欲的可能性。

本書既有哲學的嚴謹（結尾摘錄德勒茲的文章令人驚豔），描述時又大量引用不同的來源，豐富多變，使得本書引人入勝。

第一章引用拉斯·馮·提爾的《驚悚末日》電影、電影中布勒哲爾的畫作《雪中獵人》與華格納的《崔斯坦與伊索德》，說明從純粹的外部，也就是從**全然的他者**而來的可怕入侵，對於主體的尋常平衡，顯然是不幸的災難。但是，同樣的災難也絕對是自我放空、自我剝奪的幸福，並且最後成為通往解脫的極樂之路。

第二章中，先是嚴厲批判傅柯，繼而低調讚揚艾曼紐爾．列維納斯與馬丁．布伯。傅柯讚賞能力，亦即「能夠」（與知識的被動性對立），最後甚而重視功績與效率。列維納斯與布伯則看出——我在此引用作者的文句：「愛欲……是與他者的一種關係，超越功績與能夠。」遭到傅柯忽略、卻被列維納斯引進的，事實上就是「他者性具備的否定性，也就是他者的無處性，不受任何一種能夠所左右……是愛欲經驗的決定性條件。」在這裡，讀者遇見一個驚人的論述，這個論述是整本書的基礎：「他者唯有透過『能夠不能』，才得以現身。」因此，軟弱無能貫穿愛情經驗，這是暴露他者所需付出的代價。

第三章導入對黑格爾的驚人解讀，作者在其中發現愛的權力可作為「絕對」（Absolute）的新標準。任何一種絕對性都具備絕對的否定性。唯有在愛當中，精神才能承擔自身毀滅的經驗，就如同黑格爾所說的，「在死亡中保持自己」，因為真正的愛，不需要成為任何東西，才能讓他者出現。由於黑格爾，喬治．巴塔伊的理論才成為可能，作者在本書中愉快地摘錄了巴塔伊可怕的箴言：「所謂情色，可視為對生命的肯定與贊同，至死不渝。」

第四章的章名為〈色情〉，探討情色與色情的經典對立概念。作者經常語帶批判地引用阿岡本與布希亞，說明色情是**褻瀆**愛欲。本章鞭辟入裡地批評了展示：「資本主義將一切商品化，並加以展示，因而加劇了社會色情化。資本主義不知道性還有其他用途，把情色褻瀆成色情。」只有愛，才能允許情色與性變成一種儀式——不是展示情色與性，因此，即使是裸露時，也能保有他者的神祕。今日，這種神祕感因為「展示」，變成了可消費的陳腔濫調。

第五章中，伊娃．易洛斯與她的著作《為什麼愛讓人受傷？》、福樓拜與羅蘭．巴特等人，陪伴我們踏上旅程。作者引用他們的作品，告訴我們，愛對於他者的想像豐富多樣、五花八門，卻因為當今標準化、資本化的世界是「相同者的地獄」，所以陷入了垂死掙扎。本章提出一個深刻的見解：資本主義特別在貧富之間創造出的門檻、界線與排外，其根源不在於差異，而是一致性：「金錢原則上能使萬物**相同**，弭平本質上的差異。這類界線作為排外的拒絕機制，會廢除**對於他者的幻想**。」

第六章探討的是愛與政治之間的關聯，對於柏拉圖與其靈魂的動態概念，亦即靈魂被愛導向**理念**（Idee），有精闢的分析；理念與作者韓炳哲所謂的「倦怠社會」明顯對立。「倦怠社會」正是對我們今日世界的貼切描述。本章也精確解讀了我的論點：「愛是雙人舞台」，鏗鏘而有力。基於這個特性，一種最小的政治矩陣就此產生。本章以愛的轉換力量作結：「愛欲是一種革命性的渴望，渴望著截然不同的生活模式與社會。因此，它對於即將到來之事保持**忠誠**。」

最後一章指出，愛之於思考的存在的必要性：「必須要先成為朋友、情人，才能夠思考。」文章最後對愛大加盛讚，同時也激烈批評拒絕愛的世界：放棄愛，會摧毀思想。

這本引人入勝、內容豐富的輕薄小書，一方面讚譽他者性，另一方面又毫不留情地批判現代主體過勞、個人主義且「憂鬱自戀」，可想而知，引起了廣泛的討論。我在此只想稍微提供讀者思考：難道要與他者相遇，真的只能以「放棄自我」這種幾乎不可企及的崇高偉大，來對抗與他者關係涵納的消費主義、契約式概念？一定要以絕對的否定性，來對抗單調個人滿足中具備的粗俗肯定性？表達愛意的自我犧牲、自我在他者之中消失等等的觀念早就歷史悠久、享有盛名，例如西班牙神父聖十字若望（Johannes vom Kreuz, 1542-1591）在詩作中，熱情呈現對上帝的神祕之愛。

不過，在上帝死後，還有必要繼續這條路嗎？或許，我們會走入死巷；或許，根源於「愛的雙人」的世界藍圖的觀點，會開闢出一條獨特的道路；這個觀點亦即：這個世界既不是我的，也不是他者的，而是透過這個單數的「我們兩人」，為所有人設計的。或許，為了利益他者而自我犧牲的愛，只不過是暫時對否定性的絕對考驗。從隱喻上來看，毫無節制且絕對贊同否定性與他者性，不也是一種極左派的思想？或許，愛的忠誠，是好不容易普遍驗證後的兩種遺忘（Vergessenheiten）的交集，這兩種遺忘為了滿足共享的現實而組合在一起。

無論如何，閱讀韓炳哲這本卓爾不凡的小品文，無異是一流的心智饗宴。如果想加入這場辯論，當務之急若不是捍衛愛，就是如法國詩人蘭波（Jean Nicolas Arthur Rimbaud, 1854-1891）所說的，「重新創造」愛。

（作者為法國哲學家、前巴黎高等師範學院哲學系主任）

Agonie des Eros

愛欲之死

MELANCHOLIA
驚悚末日

近年來，經常聽到「愛的終結」。這種說法認為，由於無窮無盡的選擇自由、選擇過剩，以及要求完美的強迫衝動，所以愛正在崩壞；在一個充滿無限可能的世界裡，愛卻是不可能的；受到批評的還有熱情已冷卻。伊娃・易洛斯（Eva Illouz）在她《為什麼愛讓人受傷？》（*Warum Liebe weh tut*）一書中，將此歸因於愛情逐漸趨向理性，以及選擇的技術日漸膨脹。但是，這些探討愛情的社會學理論卻沒有認識到，比起無窮無盡的自由或者無限的可能性，今日腐蝕愛情更甚的另有他物。導致愛情危機的，不光在於可以選擇的**其他**對象太多，更在於**他者**的消亡。他者消失的現象涵蓋當今所有生活領域，並且伴隨自我日漸嚴重的自戀。他者的消亡，過程其實張力十足，不幸的是，許多人並未注意到其進展。

愛欲（Eros）需要有嚴格意義上的**他者**，這個他者，無法囊括到自我的體系裡。因此，在**相同者地獄**（Hölle des Gleichen）中，也就是當今社會日漸形成的樣態中，不存在愛欲[1]經驗。愛欲經驗要能形成，前提必須具備他者的非對稱性與外部性。被視為愛人的蘇格拉底會被稱為**無處**[2]，絕不是偶然。我所渴求的他者，吸引我的他者，是**沒有定所的**（ortlos），不受相同者的語言所約束：「由於他者是**無處**的，所以令語言顫慄，不能**談及**、不能**討論**；任何一種修飾定語都是錯誤的、痛苦的、失禮的、尷尬的〔……〕。」[3]今日的文化，無時無刻不在「比－較」[4]，因此無法容許**無處**的否定性（Negativität）存在。我們不斷將事物進行比較，使其平整、標準，進而成為**相同者**；這一切，都是因為我們不再經歷到他者的無處性（Atopie）。**無處的**他者具有的否定性，不受消費擺布。因此，消費社會力求消除這種異位的他者性[5]，迎接可消費的差異性（Differenz），亦即**異位的**（heterotopisch）差異性。與他者性相比，差異性是一種肯定性（Positivität）。然而，否定性如今正在消失，無處可見，一切全被整平成為一個消費的對象。

我們生活的社會，如今愈來愈自戀。性欲（Libido）是首先被投注在自己的主體性上的。自戀不是自愛（Eigenliebe）。自愛的主體為了自己，會與他者明確畫出一條否定的界線。反觀自戀的主體，則無法在自己和他者之間清楚界定範圍，與他者之間的界線於是變得模糊。世界只不過是他自身的影子。他沒有能力認出他者中的他者性，也沒有能力給予認可。自戀主體唯有能夠認出自己，意義才會存在。他在自己無處不在的影子中翻騰，直到溺死其中。

憂鬱是種自戀性疾病，源於過度緊張且病態扭曲的自我參照（Selbstbezug）。自戀性憂鬱的主體往往被自己折磨耗損，精疲力竭。他**沒有世界可棲身**

1 譯註：愛欲（erotisch），或作「情色」。
2 譯註：無處（atopos），亦即「無處安置、無可歸類、無所歸屬」之意。
3 羅蘭・巴特（Roland Barthes），《明室》（*Die helle Kammer*），法蘭克福，一九八五，頁四五。
4 譯註：「比－較」（Ver-Gleichen），在《倦怠社會》中翻譯成「同類化」，見〈演講稿〉，頁九二。
5 譯註：他者性（Andersheit），或說「他性」。

（weltlos），被**他者拋棄**。愛欲與憂鬱截然相反。愛欲將主體從自我中拉出來，轉移到他者身上；憂鬱反而深陷於自己之中無法自拔。今日，功績主體是自戀的，他的主要目標是追求成功。成功可使一個人透過他者證明自己。他者的他者性因此遭到剝奪，降級為這個自己的一面鏡子。這種認可邏輯（Anerkennungslogik），讓自戀的功績主體更加深深糾纏在自我之中。結果成功反而引發了憂鬱症，出現**成功型憂鬱症**（Erfolgsdepression）。憂鬱的功績主體陷入在自己之中，直至淹溺。然而，愛欲能夠使人經歷**他者**的他者性，帶領人走出自戀地獄。愛欲啟動了心甘情願的**自我犧牲**與**自我掏空**。一種特殊的**衰弱過程**（Schwach-werden），掌握了愛的主體，但一股強大的感受卻也接踵而來。不過，這股感受並非我們的**自我成就**，而是**他者的餽贈**。

在相同者地獄中，無處的他者的出現，也象徵著末日的形式。換句話說，今日只有末日災變，才能將我們從相同者地獄解放出來，轉向他者；沒錯，那就是救贖。因此，丹麥導演拉斯・馮・提爾（Lars von Trier）的電影《驚悚末日》（*Melancholia*），一開場就預示了可怕的末日災難。災難的德語是「Unstern」（拉丁語為 des-astrum），亦即災星。女主角賈絲汀在姊姊的莊園裡，發現夜空中一顆閃耀紅光的星星，這顆星後來變成了災星。**鬱星**（Melancholia）是它的名字，代表不祥災難，導致連連的厄運。但那是一種**否定**，具有淨化、療癒的功效。因此，當這顆星球治癒了憂鬱症這種特殊形式的憂愁，**鬱星**這個名字就顯得矛盾。它成了無處的他者，將賈絲汀拉出自戀的泥沼。面對這致命的行星，她反而真正生氣勃勃。

愛欲征服憂鬱。愛與憂鬱之間的緊張關係，一開始即主導整部影片的論述。《崔斯坦與伊索德》（*Tristan und Isolde*）的前奏曲，奠定了整部電影的音樂框架，召喚愛的力量。**憂鬱**體現出愛之不可能，或者說，不可能的愛導致了憂鬱。當無處的他者「**鬱星**」，闖入相同者的地獄，賈絲汀才燃起情欲。在河畔岩石上的裸體畫面，展現愛者被性欲淹沒的嬌軀。賈絲汀浸淫在這顆致命星球的藍光中，滿懷期待地扭動身軀，彷彿渴望和這顆無處的天體發生死亡的一撞。她等待逐漸臨近的災難，就如同期待與愛人的歡愉結合。這一幕，不由得令人聯想到伊索德的愛之死（Liebestod）。面對步步逼近的死亡，伊索德也一樣情欲高漲，委身於「吹盪著世間氣息的宇宙」。這時，電影唯一的情欲場景又一次響起《崔斯坦與伊索德》的前奏曲，絕非巧合。那奇妙地喚起了愛欲與死亡，末日與救贖的親近性。矛盾的是，死亡的降臨卻振奮了賈絲汀，使其敞開自己，迎接他者。賈絲汀從自戀的牢籠中解放出來之後，也關心起姊姊克萊兒與外甥。這部電影真正的魔力在於，賈絲汀從憂鬱症者轉為愛者的神奇變化。他者的無處性（Atopie）成了愛欲的烏托邦。

導演拉斯．馮．提爾巧妙運用著名的古典畫作，主導電影的論述，賦予電影一種特殊的語意。他在超現實的開場畫面中，插入老彼得．布勒哲爾（Pieter

Bruegel）的畫作《雪中獵人》（*Die Jäger im Schnee*），讓觀者陷入深沉的寒冬憂鬱裡。畫中背景處，風景就與河相鄰，就如同克萊兒的莊園，而莊園也漸漸融入布勒哲爾的畫作之中。兩個場景展現出類似的拓撲空間，《雪中獵人》的寒冬憂鬱因此籠罩著克萊兒的莊園。畫裡，身穿深色衣服的獵人，彎低了腰，步履艱難地走回家。樹間的黑鳥加深寒冬景致的蒼涼陰鬱。旅店「鹿之棧」的招牌上有聖人像，招牌歪了，搖搖欲墜。這處憂鬱的寒冬世界，宛如遭到上帝遺棄。拉斯．馮．提爾在影片中緩緩落下黑色碎片，如火一般吞噬了畫。緊接著沉鬱冬日景致出現的，是一幕仿畫的場景，賈絲汀模仿約翰．艾佛雷特．米萊（John Everett Millais）的《歐菲莉亞》（*Ophelia*）；她拿著花束，像美麗的歐菲莉亞一樣漂浮在水面上。

賈絲汀在一次與克萊兒爭執後，再度陷入了絕望。她不知所措，無助看著馬列維奇（Malewitsch）的抽象畫。忽然間，她激動地衝到書架前，扯掉架上原本翻開展示的畫冊，故意換放其他暗示人類深邃激情的圖畫。就在此刻，《崔斯坦與伊索德》的前奏曲再度響起，再一次指涉了愛、渴望與死亡。賈絲汀先翻開布勒哲爾的《雪中獵人》擺好，再放上米萊畫冊中的《歐菲莉亞》、卡拉瓦喬的《大衛與歌利亞的首級》（*David mit dem Haupt Goliaths*）、布勒哲爾的《安樂鄉》（*Schlaraffenland*），最後是卡爾．弗列德力克．希爾（Carl Fredrik Hill）的素描，畫著一頭孤寂哀咆的鹿。

美麗的歐菲莉亞飄蕩在水面上，朱唇微啟，目光迷濛空茫，眼神猶如聖人，也像個愛人。這同樣也點出了愛欲與死亡的親近性。莎士比亞筆下的歐菲莉亞——哈姆雷特的愛人，像個女妖般歌唱而亡，周身環繞著落花。她死得淒美，死於愛中，是一場愛之死。米萊的《歐菲莉亞》畫中，有朵莎士比亞沒有提到的花，一朵紅色罌粟，象徵愛欲、夢與沉醉。卡拉瓦喬的《大衛與歌利亞的首級》也是一幅渴望與死亡之畫。但是布勒哲爾的《安樂鄉》，反而呈現一個過度飽和的肯定性社會，也就是相同者的地獄。畫中，三個臃腫的人無動於衷地懶散躺著，飽足得疲累無力。仙人掌長的也不是刺，而是麵包。只要是可食用、可享受的，都是肯定的、積極的。這種飽食過度的社會，就如同《驚悚末日》中那種病態婚宴。有意思的是，賈絲汀直接將布勒哲爾的《安樂鄉》放在威廉·布雷克（William Blake）的一幅畫旁邊，畫描繪的是一個活活被綁住肋骨吊起來的奴隸。在這一幕，肯定性所蘊含的隱形暴力，與否定性具有的血腥暴力形成鮮明對比，否定性代表了剝削和掠奪。之後，賈絲汀翻開卡爾·弗列德力克·希爾的哀咆的鹿的素描，放回架子上後，逕自離開了書房。這幕一樣呈現出愛欲渴望，或者說賈絲汀內心對愛的渴慕。她的憂鬱在此也表達出愛之不可能。拉斯·馮·提爾顯然知道卡爾·弗列德力克·希爾飽受精神疾病與憂鬱所苦。一連串畫面闡明了整部電影的論述框架。愛欲，亦即情欲渴望，征服了憂鬱，將人帶出相同者地獄，引導至無處——也就是引導至完全他者的烏托邦。

《驚悚末日》中的末日天空，就猶如布朗修童年原初場景那片空洞的天空。

天空突然間中斷了相同者，為布朗修展現出完全他者的無處性：「我那時還是個孩子，七歲或八歲，在一棟獨棟屋裡，旁邊有扇關著的窗戶，我透過窗戶往外看——措手不及間，沒有比這更突然了，天空彷彿打開了，永無止境地向永無止境敞開而去，邀請我藉由這動人心魄的開啟時刻，來認同這種永無止境，只不過，那是一種無盡空洞的永無止境。結果是令人詫異的。天空這突如其來的絕對空洞，看不見，但也不昏暗——這是神創造出來的空洞：這一點非常明確，而且遠遠超越單純提及神性——這樣的狂喜、這樣的快樂，驚詫了孩子，他瞬間熱淚盈眶。而我，為了真相而做補充——我想那是他最後一次落淚。」[6]小孩陶醉於空洞天空的無限性，徹底被拉出自我，被外化、被去界、被清空，進入一個無處的**外部**（Außen）。這個災難事件（Ereignis），亦即**外部的**、**完全他者**的入侵，是一種**剝奪－自身**（Ent-Eignis），是揚棄自我、清空自我，也就是死亡：「天空的空洞，是一種延遲的死亡，是種災難。」[7]但是，這種災難卻令孩子充滿「毀滅性的喜悅」，一種**缺席的幸福**。這當中，存在著**災難的辯證法**，這種辯證法也為《驚悚末日》這部電影建立架構。不祥的災厄出乎意料變成了救贖。

6 莫里斯・布朗修（Maurice Blanchot），〈天空的絕對空洞〉（*... absolute Leere des Himmels ...*），收錄在《另一個原初場景》（*Die andere Urszene*，暫譯），M. Coelen und F. Ensslin發行，柏林，二〇〇八，頁一九。

7 莫里斯・布朗修，《災異的書寫》（*Die Schrift des Desasters*），慕尼黑，二〇〇五，頁一七六。

NICHT-KÖNNEN-KÖNNEN

能夠不能

功績社會完全由情態動詞**能夠**（Können）所主宰，這一點與支持禁令、使用**應該**（Sollen）這個情態動詞的規訓社會截然不同。生產率到達一定程度，**應該**很快就會遇到侷限，**能夠**這時便取而代之，以促進生產效率。喚起動機、呼籲積極主動、要有專案計畫，比鞭策與命令還要有利於剝削。功績主體身為自己的雇主，雖然無需臣服於他者的威權剝削，得以享有自由，但事實上那不是真正的自由，因為他成了自己的剝削者，而且還是心甘情願為之。剝削者就是被剝削者，既是施暴者也是受害者。由於自我剝削伴隨著自由的感受，因此比外來的剝削更有效率。所以，即使沒有上級、沒有受到控制，依然可以進行剝削。

傅柯雖然指出新自由主義**經濟人**（Homo oeconomicus）並不存在

於規訓社會，他身為自己的雇主、便不再是服從主體[8]，但是傅柯沒有注意到，這個自己的雇主實際上並不自由，他在剝削自己時，只是誤以為自己擁有自由。傅柯肯定新自由主義，他未加批判，便假定新自由主義體制是「最小的國家制度」[9]、是「自由的管理者」[10]，能夠實現公民自由。他徹底忽略自由中，新自由主義箴言所隱含的暴力結構與強迫結構，而將其詮釋為邁向自由的自由：「我會提供你邁向自由的機會。我會保證你能自由地取得自由。」[11]這種自由中的新自由主義箴言，其實表現為自相矛盾的無上命令——**要自由**。功績主體就這樣陷入憂鬱與倦怠之中。傅柯「自我的倫理觀」（Ethik des Selbst）即使反對壓制式的政治權力，也就是他者的剝削，卻沒看見造成自我剝削的自由所具有的暴力。

你能夠做到的，這個概念會產生龐大的強迫力，徹底摧毀功績主體。功績主體將自我生成的強迫力視為自由，所以認不出那是一種強迫。**你能夠**甚至比**你應該**更具強制性。自我強迫比他人強迫還要淒慘，因為要反抗自己是不可能的。新自由主義體制，將它的強制結構藏在單一個體表面的自由之下，個體不再認為自己是屈從的主體（**臣服，subject to**），而是構思的專案。這正是其狡猾之處。這種情況下的失敗者，過錯在自己身上，從此擺脫不了這項罪責。沒人能為他的失敗負責，同樣也不再有免除負債與罪責的機會，不再有贖罪的可能。如此一來，不僅形成負債危機，也出現了獎賞危機。

免債也好，獎賞也好，前提都需要有他者。與他者缺乏聯繫，是可能發生獎賞危機與負債危機的先驗條件。這些危機清楚顯示，與普遍的假設（例如華特．班雅明）相反的是，資本主義並非一種宗教，因為所有的宗教都採用罪責**與**免除

8 米歇爾．傅柯（Michel Foucault），《生命政治的誕生》（*Die Geburt der Biopolitik. Geschichte der Gouvernementalität II*），法蘭克福，二〇〇六，頁三一四。
9 同上，頁六三。
10 同上，頁九七。
11 同上。

罪責的觀念。但是資本主義**只有負債**，沒有機會贖罪或抵償，讓負債者得以免除債務。無法免債與贖罪，也會導致功績主體陷入憂鬱。憂鬱症與過勞，都是由於「能夠」才失敗得**無可補救**，也就是**精神破產**。破產指的是無能為力償還債務（拉丁文為：solvere）。

愛欲是與他者的一種關係，超越功績與能夠。**能夠不能**，是它情態動詞的否定式。他者性具備的否定性，也就是他者的無處性，不受任何一種能夠所左右，是愛欲經驗的決定性條件：「他者性，是他者承納其中的本質。這也是為什麼我們在愛欲的絕對原始關係中尋找他者性，換句話說，是在一種無法被轉譯為能夠的關係當中尋找。」[12]將「能夠」絕對化，正是摧毀他者的理由。與他者成功建立關係，變成了一種**失敗**。他者唯有透過**能夠不能**，才得以現身：「與他者的愛欲關係，能否描述成一種失敗呢？再說一次：如果採用當前描述的術語，如果想使用『抓住』、『占有』或『認識』描述情欲的特性時，答案是可以的。但是，這些全部或所有的失敗，並不存在於愛欲之中。如果他者能被占有、抓住、認識，那就不是他者了。占有、認識、抓住，只不過是『能夠』的同義詞。」[13]

當今，愛逐漸被肯定化，成為同樣受制於功績義務的性。性是一種績效，性感成為需要增加的資本。身體與身體的展示價值就如同商品一樣。他者被性化，變成性刺激的物體。但是他者性遭到剝奪的他者，無法為人所愛，只能由人消費。他被碎化成性的部分之物，已經不再是一個人。而世上並不存在所謂的性欲人格。

一旦將他者看成性物件與性對象，「原始距離」（Urdistanz）就會受到腐蝕。馬丁．布伯將原始距離視為「人之所以為人的原則」，以及構成**他異性**（Alterität）

12 艾曼紐爾．列維納斯（Emmanuel Lévinas），《時間與他者》（*Die Zeit und der Andere*），漢堡，一九八四，頁五八。

13 同上，頁六一。

存在的先驗條件。[14]「原始距離化」（Urdistanzierung）能防止他者被物化，物化成一個「它」。他者一旦成了性物件，就不再是「你」，無法與他建立起關係。「原始距離」會產生先驗的**禮儀**（Anstand），這種禮儀將他者釋入他者性中，因而**產生距離**。準確來說，有原始距離，才能恰當進行**交談**（Anrede）。你或許能**喚來**（anrufen）一個性物件，但無法與其**交談**。性物件也沒有「面孔」（Antlitz）能構成他異性，構成他者亟需距離的他者性。現今，禮貌、正派，亦即**保持距離**（Abständigkeit），正逐漸消失；換句話說，也就是根據他者性來經歷他者的能力，正逐漸不見蹤影。

如今，我們借助數位媒體，試圖盡量拉近他者，消除與他者之間的距離，製造親近。但是，我們並未因此更加靠近他者，反而導致他者消失。由於親近裡頭，包含著遙遠（Ferne），所以是一種否定性。但是，遙遠現在遭到撤除，非但沒有產生親近，反而廢除了親近。取而代之的，是零距離（Abstandslosigkeit）。親近是種否定性，因此具有**張力**；反觀零距離卻是種肯定性。事物受到其對立物的活化，正是否定性力量的來源；而單純的肯定性則缺乏這種活化的力量。

如今，愛不斷被肯定化，最後成為一種享樂形式，主要用來製造愉悅的感受。愛不再是情節、不再是敘述、不再是戲劇，而是沒有結果的情緒波動與興奮刺激；愛擺脫了傷害、攻擊或崩毀等等的否定性。而墮落（入愛河），可說是太負面、太否定了。然而，正是這種否定性塑造了愛：「愛不是一種可能性，不是歸功於我們的主動；愛是沒有理由的；愛就這麼突然襲來，傷害我們。」(15)由**能夠**主宰的功績社會，凡事皆有**可能**，一切都是倡議與專案，並沒有管道得以進入具有傷害與熱情的愛。

---

14 參閱馬丁・布伯（Martin Buber），《原始距離與關係》（*Urdistanz und Beziehung*，暫譯），海德堡，一九七八。

15 艾曼紐爾・列維納斯，《時間與他者》，引文出處同前，頁五六。

現今主宰一切生活領域的功績原則，也涵蓋了愛與性。因此，暢銷小說《格雷的五十道陰影》的女主角，才會對於伴侶將他們的關係解釋成一個「工作機會，有固定的工作時段、分配清晰明確的任務，以及諸多嚴厲措施，以確定績效品質」[16]，大感驚訝。功績原則無法承受過剩與越界的否定性。因此，臣服主體「臣服者」有義務遵守的「協議」是：大量運動、健康飲食與充足睡眠，甚至還禁止在兩頓正餐之間食用水果以外的食物。「臣服者」也不可以飲酒過度，不准抽菸、服用助興藥物。即使是性行為，也必須遵守健康相關規定。任何形式的否定性都不准存在。使用排泄物，也列於禁止從事的清單上。無論是象徵性髒污或實際髒污的否定性，都不容存在。於是，女主角必須「隨時保持自身乾淨，適度脫毛或除毛」[17]。小說中描述的虐戀手段，不過是性行為中的消遣，缺乏巴塔伊「逾越的情色」（Erotik der Transgression）中，那種踰矩與越界的明顯否定性。因此他們不可以逾越事先協議好的「嚴苛限制」。所謂的「安全語」，可確保性行為中的活動不至於極端過火。文中過度使用形容詞「可口的」，正好也點出肯定性會迫使一切轉變成享樂與消費模式。因此在《格雷的五十道陰影》中，虐待甚至也變得「美味可口」。在肯定性的世界中，只容許可供消費的事物存在。即使是痛苦本身，也應該是可以享受的。在那裡，被黑格爾闡釋為**痛苦**（Schmerz）的否定性不復存在。

可以支配的現在，是屬於**相同者**的時間。相反地，未來卻是向絕對令人驚訝的事件開放的。與未來的關係，就是與無處的**他者**的關係，而這個他者，無法被納入相同者的語言裡。但如今，未來拋棄了他者的否定性，並且愈來愈肯定化，最後成為排除一切災難的**優化後的現代**。將存在的事物變得博物館化，是正在摧毀過去。過去成為可以**再三重複的現代**，斷絕了「無可挽回」的否定性。記憶並非單純是重建機關，讓人得以回憶曾經存在之物。存在的事物，在記憶中會不斷

16 詹姆絲（E. L. James），《格雷的五十道陰影》（*Fifty Shades of Grey*），慕尼黑，二〇一二，頁一九一。

17 同上，頁四一二。

變化，那是一種生氣蓬勃、持續前進的敘事過程。[18]這也是與儲存裝置有所區別之處。在儲存裝置這種科技媒介中，存在的事物被奪走了生命力，它是**沒有時間性的**。因此，今日是由一個徹底全然的現代主宰著，將瞬間給撤除掉。時間沒有了瞬間，純粹只是一種加法，不再是情境。這種沒有瞬間的時間，只是點擊的時間，沒有抉擇與決心。點擊驅走了瞬間。

愛欲渴望與他者的特別缺席聯繫在一起，並不是空無一物的缺席，而是「在未來的地平線缺席」。未來是**他者的時間**。全然只有現代，亦即只有**相同者的時間**，會導致前述的缺席消失，而這類缺席能使他者免於用過即丟的命運。艾曼紐爾·列維納斯將愛撫與性快感，都詮釋為愛欲渴望的一環。缺席所具備的否定性，對這兩者來說是不可或缺的。愛撫是「與閃躲之物玩遊戲」[19]。它在尋找不斷消失於未來的事物，其渴望是由尚未存在的事物滋養。他者在共享的感受中缺席，會激化及強化性快感。今日的愛，是需求、滿足與享用，和他者的撤退與延遲無法相容。社會是一種**搜尋引擎**與**消費機器**，正在消滅那些需要缺席的渴望，那些無法被找到、被抓住、被消費的渴望。但是，由於「給予他者同時又從他者那兒收回」[20]的「面孔」，所以愛欲覺醒了。「面孔」與毫無祕密的**臉**（face）截然不同。臉在赤裸裸的色情中被當成商品展示，完全可被觀看與消費。

列維納斯的愛欲倫理，雖沒有瞥見那些過度與瘋狂的情欲深淵，卻迫切使人注意到他者的否定性，注意到不可支配的、無處的他者性，這種他者性在日漸自戀的社會中正在消失。此外，列維納斯的愛欲倫理，也進一步被重新表述為反對

18 佛洛伊德給威廉．弗里茲（Wilhelm Fließ）的信寫道：「你知道，我的研究假設是，我們的精神機制是透過層疊形成的，其記憶痕跡的既有材料，經常根據新的關係而重整、重寫。我理論的根本創新之處，是主張記憶並非單次存在，而是多次，並以不同類型的符號記錄下來。」（佛洛伊德，《致威廉．弗里茲書信集，一八八七－一九〇四》〔*Briefe an Wilhelm Fließ, 1887-1904*〕，馬森〔J. M. Masson〕編輯出版，法蘭克福，一九八六，頁一七三）。

19 艾曼紐爾．列維納斯，《時間與他者》，同前，頁六〇。

20 同上，頁五〇。

他者受到經濟物化。他者性不是一種可以消費的差異性。資本主義處處排除他者性，讓一切都能被消費。此外，愛欲與他者的關係是**不對稱的**，所以打破了交換率。他者性無法簿記，不會出現在收支平衡表中。

DAS BLOSSE LEBEN
裸命

野豬以獠牙咬死年輕俊美的阿多尼斯（Adonis），牠體現的是代表瘋狂與過度的情欲。阿多尼斯死後，野豬說道：牠絕非意圖以「愛欲之牙」（*erotikous odontas*）傷害阿多尼斯，只是想親吻他。馬西里歐・費奇諾在他評論柏拉圖《饗宴篇》的書中寫道，情人的愛欲之眼（*erotikon omma*）[21]，就如同那愛欲之牙，擁有致命的激情：「因為你的雙眸穿透我的眼，在我的骨髓裡燃起炙熱的火焰。因此，我憐憫那因你而消亡的人。」[22]在這裡，血是愛欲交流的媒介。在情人與愛人的愛欲之眼間，出現了某種形式的輸血：「你們想一想來自米林努斯的斐德羅，與來自底比斯、愛上斐德羅的演說家呂西亞斯！呂西亞斯像個看熱鬧的人，目瞪口呆凝視著斐德羅的面孔。後者熾烈地緊盯呂

21〈斐德羅篇〉（*Phaidros*），二三五e。

22 馬西里歐・費奇諾（Marsilio Ficino），《論愛或柏拉圖的饗宴篇》（*Über die Liebe oder Platons Gastmahl*，暫譯），漢堡，二〇〇四，頁三二七。

西亞斯的雙眼，向他射出眼底的火光，同時傳送的還有生命靈（Lebensgeist）。四目相交，斐德羅眼裡的火光與呂西亞斯的火光，輕而易舉地彼此交融，一人的生命靈也與另一人的相互連結。由斐德羅的心所製造的生命靈之霧，迅速湧向呂西亞斯的心，又因呂西亞斯心的固態物質而變得濃稠，再度變成血，而且是回復到最初的狀態，亦即斐德羅的血。這真是令人驚嘆的過程！呂西亞斯的心臟裡有斐德羅的血！」[23]古希臘的愛欲交流毫不舒服。根據費奇諾的說法，愛是「最嚴重的瘟疫」，是一種「轉變」。愛「奪走人自身的本質，把他人的本質加諸他身上。」[24]這種轉變與傷害，構成了愛的否定性。但是，現今由於愛日漸肯定化與馴化，所以否定性完全消失了。人始終都一樣，只在他者身上尋求對自己的確認。

伊娃·易洛斯在她的《消費浪漫》研究中指出，當今的愛變得「女性化」。用來描述浪漫愛情場面的形容詞，如「友善」、「親密」、「沉靜」、「舒服」、「甜美」或者「溫柔」等等，都散發出濃濃的「女人味」；浪漫的主流觀點是，男人像女人一樣，也處於女性的感覺領域。[25]不過，與她的判斷相違的是，今日的愛不是簡單的「女性化」，而是在所有生活領域的肯定化過程中，被**馴化**成一種消費模式，這種消費模式不具危險，無需冒險，沒有過度，也不會瘋狂，避開了任何一種否定性與否定感。歡愉感與無關緊要的刺激，取代了痛苦與熱情。在約砲、休閒式與紓壓式性愛當道的時代，性行為也喪失了任何一種否定性。否定性徹底缺席，使得現今的愛，萎縮成消費與享樂主義算計的對象。對於他者的渴望，被相同者的舒適所取代。相同者舒適的、但歸根究柢是遲鈍的內在（Immanenz）大受追捧。所以現今的愛缺乏先驗與逾越。

23 同上，頁三二九。
24 同上，頁三三一。
25 伊娃・易洛斯，《消費浪漫》（*Komsim der Romantik. Liebe und die kulturellen Widersprüche des Kapitalismus*，暫譯），法蘭克福，二〇〇三，頁九九。

黑格爾的主奴關係辯證，描述的是生與死的戰爭。那些後來證明自己是主人的人，並不畏懼死亡。他們渴望自由、認同與自主，因此跨越了對於**裸命**（das bloße Leben）的擔憂。正是因為害怕死亡，才使得未來的奴隸願意屈服他者，寧可身為奴，也不願意受到死亡威脅。他們緊緊攀附著**裸命**不放。決定戰爭結果的關鍵，不是一方體格上的優越，而是在於「面對死亡的能力」[26]。如果沒有掌握死的自由，不可能敢冒生命的危險。所以奴隸不會「與自己同行直至死亡」，而是「獨自停留在死亡之中」[27]。他不敢冒險而死，所以成為了**奴隸**，不停**勞動**。

勞動與裸命密不可分，兩者都是在回應死亡的否定性。捍衛裸命，在今日擴大成健康的絕對化與神化。現代的奴隸重視健康，更甚於自主與自由。他就像尼采筆下的「末等人」，健康對他們來說代表絕對價值，被提升到「偉大女神」的地位：「（人）崇拜健康。『我們發明了幸福。』——那些末等人說，一邊眨巴著眼。」[28]將裸命神聖化，神學便被治療取代。或者說，治療被神學化了。在裸命的功績目錄中，沒有死亡容身之處。但是，只要仍舊身為奴隸，並且緊附著裸命，始終就是臣服於主人之下：「但是，戰鬥者和勝利者同樣痛恨的，是你們露出獰笑的死亡，它如小偷般躡手躡腳潛近，卻又以主人之姿大駕光臨。」

愛欲是過度與逾越，因此不僅否定勞動，也一樣否定裸命。所以攀附著裸命且不停勞動的奴隸，無法擁有愛欲經驗與愛欲渴望。今日的功績主體，與黑格爾的奴隸唯一的區別在於，功績主體不是為主人勞動，而是心甘情願為自己做牛做馬。身為自己的老闆，功績主體同時是主人也是奴隸。這種融合具有致命的後果，

26 參閱黑格爾（W.F. Hegel）《政治與法律哲學論著》（*Schriften zur Politikund Rechtsphilosophie*），「黑格爾全集」，第七卷，編輯者：拉松（Georg Lasson），漢堡，一九一三，頁三七〇。

27 黑格爾，《耶拿現實哲學I》（*Jenenser Realphilosophie I*，暫譯），編輯約翰納斯·霍夫邁斯特（Johannes Hoffmeister），萊比錫：邁納出版社（Meiner），一九三二，頁二二九。

28 尼采（Friedrich Nietzsche），《查拉圖斯特拉如是說》（*Also sprach Zarzthustra*），評註版全集，第一部，頁一一四。

是黑格爾的主奴關係辯證中沒有思考過的。自我剝削的主體，和受到他人剝削的主體一樣不自由。若我們把黑格爾的主奴關係辯證，理解成一部自由史，便不可能討論到「歷史的終結」，因為我們距離真正的**自由**還十分遙遠。我們可以說仍處於主人和奴隸合一的歷史階段；我們仍是奴隸主人或者主人奴隸，而非是歷史終結時才會真正實現的自由人。因此，將歷史理解成自由史，歷史就不會結束。唯有我們真正自由，既非主亦非奴，不是主人奴隸也不是奴隸主人時，歷史才真正終結。

資本主義將裸命絕對化，**美好的**生活不是其終極目標。資本主義的累積壓力與成長壓力，是反死亡的；對其而言，死亡是絕對的損失。所以亞里斯多德認為，純粹累積資本是卑鄙下流的，因為他不在乎**美好的**生活，只在乎**赤裸**的生命：「因此，對某些人而言，那是管理家庭的任務。他們堅信人必須保護財物，或是無限制地增加。之所以有此觀點，是因為他們要孜孜不倦地求生存，而非為了擁有美好的生活而努力。」[29]累積資本的過程與生產的過程，由於脫離美好生活的目的論，因此毫無節制地加速到無限大。因為脫離了方向，運動加速到極端。所以資本主義是**猥褻的**（obszön）。

歷史上，沒有其他思想家比黑格爾更能夠接受他者。這種敏感度，不能視為個人怪癖而摒棄不理。在解讀黑格爾時，不應該遵循德希達、德勒茲，甚至是巴塔伊的教導。根據他們的解讀方式，黑格爾的「絕對」（Absolute）指的是暴力與整體性。但是，對黑格爾來說，「絕對」主要指的是愛：「也就是說，根據**內容**的各個層面，愛裡頭存在著我們稱為絕對精神之基本概念的階段：那就是經過和解後，從它的另一面回歸到自己本身。」[30]絕對代表的是不受限。有侷限的精

29 亞里斯多德（Aristoteles），《政治學》（*Politik*），一二五七b。
30 黑格爾，《美學II》（*Vorlesungen über die Ästhetik ii*），二十冊作品集，莫德豪爾（E. Moldenhauer）與米謝爾（K. M. Michel）編輯，法蘭克福，一九七〇，第十四冊，頁一五五。

神會直接想要自己，且避開他者。絕對，反而是承認他者否定性的精神。按照黑格爾的看法，「精神生命」（Leben des Geistes）不是「畏懼死亡、避開毀滅」的裸命，而是「忍受死亡，並保持在其中」的生命。精神之所以生氣勃勃，要歸功於其面對死亡的能力。絕對，不是「將目光從否定移開的肯定」。精神反而「直面否定」，並且與其共同「逗留」。[31]精神之所以絕對，是因為精神膽敢進入極端、進入最外在的否定性，將其容納於己內；說得精確一點，也就是**於己內完結**（in sich schließt）。當一處只存在著純粹的肯定，亦即肯定性過剩，精神便不存在。

「絕對的定義」，根據黑格爾的觀點，「它即是完結（Schluss）。」[32]這裡指的不是形式邏輯範疇的完結。黑格爾認為，生命本身就是一種完結。一旦這種完結不是絕對的，而是有限的，也就是短路（Kurzschluss）的話，完結就是種暴力，是暴力排除他者的完結。絕對的完結是長期而緩慢的，完結前會先在他者處逗留。辯證法是一種結束、開放，而後又再度結束的運動。精神若是沒有能力完結，就會因為他者的否定性所造成的**傷口**流血至死。不過，並非每種完結都是暴力。我們會**結束**和平，會**結束**友情。友情是種完結，而愛是一種絕對完結。愛以死亡、以拋棄自我為前提，所以絕對。「愛的真正本質」，就在於「放棄自己的意識，在他者的自我之中遺忘自己」。[33]黑格爾的奴隸的意識，是受到限制的，沒有能力進入絕對完結，因為他無法放棄自己，換句話說，沒有辦法**死亡**。絕對完結的愛能穿越死亡。雖然死於他者之中，但是隨著死亡而來的卻是回歸自己。不過，和解後從他者回歸自我，絕對不是暴力地將他者據為己有，那是對黑格爾思想主體的誤解。這種回歸自我，是**他者餽贈的禮物**，是對屈服與拋棄自我的獎賞。

31 黑格爾，《精神現象學》（*Phänomenologie des Geistes*）作品集第三冊，頁三六。
32 黑格爾，《哲學科學百科全書綱要》（*Enzyklopädie der philosophischen Wissenschaften im Grundrisse*），第一部，《邏輯學》（*Die Wissenschaft der Logik*），作品集第八冊，頁三六。
33 黑格爾，《美學》（*Vorlesungen über die Ästhetik*），同前，頁一四四。

憂鬱的自戀主體是無能為力完結的。但是，若無完結，一切終會流逝且面目模糊。所以他沒有穩固的自我形象，那種形象同樣也是一種完結形式。無怪乎優柔寡斷、無決斷能力，是憂鬱症的症狀。在**過度開放**、**過度去界**導致喪失封閉與完結能力的時代，其特徵就是憂鬱症。因為沒有能力**封閉**生命，所以我們荒廢了死亡。功績主體也一樣沒有能力封閉、沒有能力完結。功績主體在必須不斷創造績效的壓力下崩潰瓦解。

馬西里歐．費奇諾認為愛是**在他者中死去**：「透過我愛你，你也愛我，我在思念我的你之中，找回了自己；在我放棄自己後，又在保存著我的你之中，贏回了自己。」[34]費奇諾寫道，情人遺失在他者的自我中，卻在這樣的消逝與遺忘中「贏回」甚或「占有」自己，這種占有就是他者的**餽贈**。他者的優先地位，將愛欲之神（Eros）的權力與戰神（Ares）的暴力區分開來。當權力關係是一種統治關係，我在這樣的關係中使他者受制於我，以維護自己，對抗他者。相反地，愛欲之神的權力卻意指「虛弱無權的力量」（Ohn-Macht），在這種力量中，我並非維護自己，而是迷失在重塑了我的他者之中，抑或為其迷失：「統治者透過自己控制他人，情人透過他者贏回自己。兩個情人雙雙走出自我，投奔他者；在自我中死去，卻在他者中復活。」[35]

巴塔伊在他的《情色論》開頭寫著：「所謂情色，可視為對生命的肯定與贊同，至死不渝。」[36]這裡肯定的，不是那個逃離死亡否定性的裸命。而是生存衝動增強到極致、肯定到極致，就會貼近死亡衝動。愛欲是把生命提高到死亡的一種媒介：「因為情欲活動最初雖然是為了興旺生命，但是這種無需憂慮傳宗接代的精神追求，如前所述，其對象與死亡並不陌生。」巴塔伊為了給這種「如此巨

34 馬西里歐・費奇諾，《論愛或柏拉圖的饗宴篇》，同前，頁六九。
35 同上。
36 喬治・巴塔伊（Georges Bataille），《情色論》（*Erotik*），慕尼黑，一九九四，頁一三。

大的悖論」一種「有所根據的假象」，引述了薩德的話：「要熟悉死亡，最好的方法就是連結放蕩縱欲的想法。」

死亡的否定性對於情欲經驗是不可或缺的：「如果愛在我們心中不**似死亡一般**，那就沒有愛。」[37]死亡主要與**我**有關。情欲的生命衝動，淹沒且消融了**我**想像的自戀身分。由於情欲衝動具有否定性，所以是一種死亡衝動。世上不是只有結束**裸命**的死亡。放棄**我**的想像身分、撤除幫助**我**建構社會存在的象徵秩序，是比結束裸命還要嚴重的**死亡**：「死亡在一般狀態過渡到情欲渴望的階段裡，發揮著基本的魅力。在情欲中，既定模式一直在消解。我重申一次，也就是規律社會生活的模式，那些模式構成我們這種獨特個體的不連續的秩序。」日常生活是由不連續性所組成。情欲經驗開啟了進入「存在的連續性」的入口，「光是不連續的存在的死亡，就確定能產生這種連續性。」[38]

在一個人人是自己老闆的社會中，盛行一種倖存經濟。這種經濟，與愛欲和死亡的非經濟截然相反。新自由主義因其奔放的自我衝動和功績衝動，是一種完全不見愛欲的社會秩序。死亡的否定性已全然消失的肯定性社會，是**裸命**的社會，只關心要「確保在不連續性中倖存下來」。這是奴僕的生命。這種對於裸命、對於存活的關心，奪走生命展現錯綜複雜現象的一切活力。光有肯定、積極，是無生命的。要有生命活力，就需要否定性：「事物只要自身內部存在著矛盾，就具有生命活力；換句話說，這種力量能夠容納與容忍自身中的矛盾。」[39]因此，生命活力有別於裸命那種缺乏任何否定性的活力或健康。**倖存者**等同於**活屍**，死不死、活不活的活屍。

37 同上，頁二三四。
38 同上，頁二一一。
39 黑格爾，《邏輯學II》，作品集第六冊，頁七六。

《飛行的荷蘭人》（*Der Fliegende Holländer*）劇中，據傳船員全由活屍組成的船，可以類比成今日的倦怠社會。荷蘭船「沒有目標、不曾休息、不得安寧」，「如箭一般飛速」，就像今日筋疲力倦的憂鬱功績主體，其自由成了必須永遠剝削自己的詛咒。資本主義的生產製造也一樣漫無目標，不再重視美好的生活。荷蘭人本身就是活屍，死不了也活不成，註定永遠航行在相同者的地獄，渴望著能夠將他救出相同者地獄的末日來臨（**審判之日，末日！／何時會降臨至我的黑夜？／何時會響起毀滅的巨響，／崩裂大地？／死者復活之際，／我將化為烏有！／你們世界，將結束運行！**）。盲目生產與績效的社會（**唧唧、唧唧，你這個好輪子啊，／快活地、快活地轉動！／織啊，織出千條線，／好輪子啊，唧唧、唧唧**），也是劇中船長的女兒仙塔所置身的社會，沒有愛欲，也沒有幸福。愛欲依循的是另一種截然不同的邏輯。仙塔的自盡及愛之死，與強調生產與績效的資本主義經濟南轅北轍。她的愛情告白是承諾，是完結形式——一種絕對、甚而崇高的完結形式，超越資本主義經濟單純的相加與累積。那能夠讓時間延續，在時間中開闢出一處空地。忠誠本身是一種完結形式，為時間注入永恆，將永恆包裹在時間之中：「但是，永恆能夠存在於生命的時間裡，愛證明了這一點。就我賦予這個詞意義，愛的本質就是忠誠。基本上就是幸福！是的，愛的幸福，證明了時間能夠容納永恆。」(40)

40 阿蘭・巴迪歐（Alain Badiou），《愛的多重奏》（*Lob der Liebe*），與尼古拉・特呂翁（Nicolas Truong）對談集，維也納，二〇一一，頁四五。

PORNO
色情

色情（Porno）與**被展示的裸命**有關。色情是愛欲的對手，會摧毀性本身。就這一點而言，色情甚至比道德還更有效：「性不是蒸發於高尚、壓抑與道德之中，而是毀於比性愛還要性愛的東西，也就是毀於色情。」[41]色情的吸引力在於，「在活躍的性（Sexualität）之中，期待僵死的性愛（Sex）。」色情不是性過度才顯得淫穢猥褻，而是根本不含有性愛。威脅當今的性的，並非是仇視歡愉、將性愛視為「不潔」，而避之惟恐不及的「純淨理性」[42]，而是色情。色情作品不是虛擬空間中的性愛。今日即使是真槍實彈的性愛，也變成了色情。

---

41 尚・布希亞（Jean Baudrillard），《致命策略》（*Die fatalen Strategien*），慕尼黑，一九九二，頁一二。

42 這是羅柏・普法勒（Robert Pfaller）在《污穢的聖潔與純淨的理性》（*Das schmutzige Heilige und die reine Vernunft*，暫譯）一書中的論點，法蘭克福，二〇〇八。

當世界受到褻瀆，開始世俗化，也就開始了色情化。色情化褻瀆了情色（Erotik）。阿岡本的文章〈褻瀆的頌讚〉（*Lob der Profanierung*）沒有認清這種社會過程。褻瀆指的是，再度使用透過祝聖儀式（sacrare）而為神專用、不做一般普通用途的物品，它刻意忽略這些物品已有所區隔。[43]對此，阿岡本採用了世俗化的論點，認為每一種區隔形式本身都保有真正的宗教核心。因此，博物館就是神廟的世俗化形式，因為博物館裡的展品也全被隔離，有所區隔，不可自由取用。此外，阿岡本認為觀光是朝聖的世俗化形式。根據他的看法，朝聖者從一處聖地行至另一處，完全就像旅客絡繹不絕地穿梭在變成博物館的世界中。

針對世俗化，阿岡本提出了褻瀆。他認為被區隔出來的物品應該要恢復自由使用。但是，阿岡本提出的褻瀆例子卻顯薄弱，甚至古怪異常：「褻瀆排糞，是什麼意思？絕對不是返樸歸真，也不是變態的越軌享受（雖然聊勝於無）。從考古學來看，排糞被視為一種介於自然與文化、私密與公開、獨特與普遍等兩極張力間的場域。換句話說，褻瀆排糞，就是學習糞便的新用法，就像在出現區隔和壓制之前，小孩用自己的方式嘗試瞭解那樣。」薩德筆下的浪蕩者（Libertin），津津有味吃掉一位女士的糞便，就是巴塔伊所謂的越軌的情色。但是，除去越軌與重回大自然，排糞要如何褻瀆呢？「褻瀆」，應該要排除神學部署（Dispositiv）或道德部署加諸事物上的箝制。阿岡本的褻瀆例子，本質上是玩弄毛線團的貓：「像玩弄老鼠一樣玩弄毛線球的貓，就如同玩著古老宗教象徵或者經濟領域物品的孩子，明知徒勞無用，仍採取狩獵的行為。這些狩獵行為並未喪失，只不過玩的是毛線球而非老鼠〔……〕，所以變得遲鈍，進而開啟了新的可能用途。」阿岡本認為每種目的背後，都隱含著強制性，褻瀆就是將物品從中解放出來，變成「沒有目的的性的媒介」。

43 喬治・阿岡本（Giorgio Agamben），《瀆神》（*Profanierungen*），法蘭克福，二〇〇五，頁七一。

阿岡本的世俗化論述，沒有看見無法再追溯宗教用途、甚至與其對立的特殊現象。原因很可能在於，博物館裡的展品被「隔離與區隔」，就和神廟裡的器物一樣。但是，博物館化與物品展示，摧毀了物品的崇拜價值，只剩下展示價值。因此，作為展示場所的博物館，正是神廟這種崇拜場所的相對物。觀光也與朝聖相對。觀光創造出「非定點」（Nicht-Orte），朝聖則連結著**定點**。根據海德格的論點，能夠讓人類居住的地方，基本上是「神聖的」，由歷史、記憶與身分所構成。而觀光旅遊用的「非定點」則缺乏上述特徵，只是讓人**經過**，而非**逗留**的場所。

阿岡本在思索裸露時，同樣也試圖跳脫神學部署，亦即「跳脫恩典的威望與墮落本性的誘惑」。因此，他認為展示是褻瀆赤裸千載難逢的機會：「模特兒、色情明星與其他專業展示人員，尤其要先學會厚顏無恥的冷漠：除了展示，沒有其他要展示的（那就是他們的絕對媒介性）。因此，臉龐一直被加載展示價值，直至最後爆炸。不過，正是這種面部表情的破滅，促使情色推進到它實際上不應該出現的地方，也就是人臉〔……〕。臉部不再具備豐富的表情，而是變成純粹的展示媒介，從此有了新用途，成為情色溝通的新形式。」[44]但是，沒有祕密與表情、被展示的赤裸，與色情的赤裸相去不遠。色情的臉龐一樣面無表情，沒有豐富的表現力，也沒有祕密：「從一個形式往另一個形式推進——從引誘到愛情，再從渴望到性欲，最後直接抵達色情——人從一個形式到另一個形式推進得愈深，面對的祕密與謎團就會愈來愈少〔……〕。」[45]情色脫離不了祕密。一直加載展示價值直至最後爆炸的臉龐，不具備「性欲新的、集體的用途」。展示會破壞情色溝通的機會，而這一點有違阿岡本的期望。褻瀆與色情沒有祕密、沒有表現力，只剩下裸臉的展示性。資本主義將一切事物商品化，並加以展示，因而加劇社會的色情化。資本主義不知道性還有其他用途，把情色褻瀆成色情。這裡的褻瀆與阿岡本的褻瀆並無不同。

---

44 同上，頁八九。

45 尚・布希亞，《致命策略》，同前，頁一三〇。

褻瀆，是去儀式化與去神聖化。如今，儀式空間與儀式行為逐漸消失，世界變得愈來愈赤裸、猥褻。巴塔伊的「神聖的情色」仍舊代表儀式性的溝通，包含作為**特殊**空間、隔離空間的儀式慶典與遊戲。當今的愛，只能是溫暖、親暱、使人愉悅的，這暗示神聖的情色受到了破壞。就連在色情裡完全消失無蹤的情色誘惑，也玩弄舞台幻覺和表象。所以布希亞認為誘惑與愛是對立的：「儀式是屬於誘惑的秩序與層級；愛則源自於儀式形式的破壞，源自於形式的解放。愛從這些形式的崩解中取得能量（……）。」[46]愛的去儀式化是在色情中完成的。阿岡本的褻瀆質疑儀式空間會形成隔離的強迫形式，所以他的褻瀆助長了世界當今的去儀式化與色情化。

46 同上，頁一二五。

FANTASIE
想像

伊娃・易洛斯在《為什麼愛讓人受傷？》一書裡，將現代化之前的想像，稱為「訊息貧乏」。她認為訊息不足，會導致「對人評價過高」、「賦予他更高的價值」或者「將他理想化」[47]；而現今的想像，由於數位溝通技術，反而承載過量的訊息：「透過網路產生的預期想像（……），與訊息薄弱的想像截然相反（……）。網路的想像，是將各式各樣的屬性疊加堆砌，缺乏整體性。處在這種特殊的局勢中，人們擁有太多訊息，不太可能將人理想化。」易洛斯進一步提出，日漸增加的選擇自由，將渴望「合理化」了。渴望不再由無意識決定，而是經由有意識的選擇後產生。渴望的主體「不斷要對琳瑯滿目的選擇做出決定；對於他者，也要不斷留意值得期待的合理標準，並且對其選擇負責」。這種被強化的想像，進一步改變和提高「男性與女性

47 伊娃・易洛斯，《為什麼愛讓人受傷？》，蘇爾坎普出版社，二〇一一，頁四一三。

對另一半特質的期待，以及／或者對於未來共同生活的展望」。所以現在的人才會經常感到「失望」。這種失望，是想像一個「聲名狼藉的女僕」(48)。

除此之外，易洛斯還研究消費文化、渴望與想像之間的關聯。根據她的看法，消費文化會刺激渴望與想像。消費文化氣勢洶洶，催逼著人不得不運用渴望與想像，墜入白日夢裡。易洛斯認為，在《包法利夫人》（*Madame Bovary*）一書中，即可確認消費主義與浪漫主義的渴望，彼此相輔相成。她指出，女主角艾瑪的想像，強烈激起她的消費欲望。如今，網路也一樣發揮推波助瀾的作用，將「現代的主體，定位成擁有渴望的主體；這個主體渴望體驗，幻想物品或生活形式，透過想像和虛擬等方式進行體驗」(49)。現代的自我，利用物品和社交媒體圖片，發揮想像，來察覺自己的期望與感受。他的想像力主要是由消費品市場與大眾文化所塑造。

易洛斯認為艾瑪的揮霍癖，可以回溯到法國十九世紀的消費文化：「事實上，只有罕見的資料指出，是艾瑪的想像力促使她向洛勒（Lheureux）借貸。洛勒是販售服裝與首飾的狡猾零售商。艾瑪的幻想，可以直接回溯到法國十九世紀的早期消費文化，因為正是她的浪漫渴望激起了她的想像。」(50)但是，艾瑪的消費行為其實與易洛斯的假設不同，不能以當時法國的社會經濟結構來解釋，反而是一種超支與花費的表現，比較貼近巴塔伊的「經濟之廢棄」(51)。巴塔伊認為，「非

48 同上，頁三八六。

49 同上，頁三七五。

50 同上，頁三七三。

51 參閱派翠西亞・雷諾德（Patricia Reynaud），〈福樓拜《包法利夫人》中的經濟與反效果〉（*Economics and Counterproductivity in Flaubert's Madame Bovary*），收錄在《文學與金錢》（*Literature and Money*），柏蒂（A. Purdy）編選，阿姆斯特丹，一九九三，頁一三七－一五四，此段摘自頁一五〇：「福樓拜的敘述過程是〔……〕一個主權的實例、創意滿溢的實例〔……〕。女性經濟的特色是非價值（non-value），遭到基礎經濟學貶低。非價值，透過女性在交易範圍的非銘刻及非勞動顯露出來〔……〕。」

生產性的花費」，與所有「作為生產手段的消費形式」[52]截然不同。曾經是兌幣商的洛勒，代表的正是被艾瑪不事生產的超支花費所破壞的市民經濟。巴塔伊認為，她的行為違背「收支平衡的經濟原則」[53]，也就是違背了生產與消費的邏輯。艾瑪的超支行為是一種「損失原則」，否定了中產階級的幸福，因為它否定了法文原意為「幸福快樂」的「Lheureux」（洛勒）。絕對的損失是死亡。因此艾瑪之死，是支出邏輯與損失邏輯的必然結果。

此外，與易洛斯的假設不同的是，現代人的渴望並未因為選擇機會與選擇標準日漸增加而「合理化」。其實不受拘束的選擇自由，反而導致**渴望受到終結**的威脅。渴望，一直是對**他者**產生渴望，受到剝奪（Entzug）的否定性滋養。**他者**作為渴望的主體，擺脫了選擇本身具備的肯定性。擁有「永不枯竭的才智，能夠表達與完善擇偶標準」[54]的自我，是不懂得**渴望**的。消費文化藉由想像的媒體圖像與敘事，肯定會創造新的需求與願望。但是，渴望非但不同於願望，也與需求相異。易洛斯並未探討渴望在性欲經濟學方面的特殊性。

資訊的**高解析度**，讓一切皆可明確定義。但是，幻想卻**無法定義**。資訊與幻想是兩股相互抗衡的力量。「資訊密集的」的想像，能夠「理想化」他者。**建構他者**的關鍵，不在於獲得多少資訊。只有剝奪的否定性，才能在無處的他者性中產生他者。他者性賦予他者更高的意義，超越「理想化」或「評價過高」。因此，這類的資訊是一種**肯定性**，會瓦解他者的否定性。

今日社會中，導致人們日益失望的，不是被強化的幻想，而是更高的期待——如果有的話。易洛斯在她的失望社會學中，沒有區分出幻想與期望，這點大有問

---

52 喬治．巴塔伊，《經濟的廢除》（*Die Aufhebung der Ökonomie*，暫譯），慕尼黑，二〇〇一，頁一二。
53 同上，頁一三。
54 伊娃．易洛斯，《為什麼愛讓人受傷？》，同前，頁四一六。

題。新式的傳播媒介恰好不會激勵幻想。新媒介因為高度資訊密集，尤其是視覺資訊，反而壓抑了想像。能見度超級高，並無助於想像力的開展。因此可以說，將視覺資訊最大化的色情產物，摧毀了情色的想像。

福樓拜正是使用了視覺剝奪的否定性，激起情色的想像。在小說的性愛場景中，不合邏輯的是幾乎什麼都看不到。雷昂引誘艾瑪一起搭馬車兜風。車夫馬不停蹄在城市裡漫無目的穿梭，而雷昂和艾瑪在垂簾的車廂裡激情做愛。福樓拜一一詳細列出馬車行經的廣場、橋樑與道路名稱，以及四塘鎮、索特鎮、植物園等地。但是，完全看不見那對做愛的男女。在這趟色欲的迷途之行結束時，艾瑪從車窗伸出一隻手，將一團碎紙往外扔，紙屑像白色蝴蝶似的隨風飄揚，最後落入苜蓿叢裡。

在巴拉德的短篇故事〈昏暗午間的喬康達〉中，主角麥特蘭搬回海邊的別墅，打算療養他的眼疾。暫時的失明，使其他感官變得異常敏銳。他的內心浮現出許多幻象。沒多久，幻象就顯得比現實還更真實，他沉迷其中，無法自拔。他一再喚出有著藍色岩石的神祕海岸，在想像裡踩著石階拾級而上，登上一座山丘。他在丘頂遇見一名謎樣的女巫，女巫後來具化成他渴望的對象。在一次換藥時，一道光束直射入他的眼睛，他有種感覺，那道光似乎燒毀了他的想像。雖然他沒多久即重見光明，卻發現那些幻象再也沒有出現。絕望之下，他做出極端的決定。他弄瞎自己的雙眼，因為他想要**看得更多**。於是，在他痛苦的呼嚎中，也夾雜著歡呼：「麥特蘭很快撥開柳樹枝，往下走到岸邊。一會兒後，尤蒂絲在海鷗吱嘎的刺耳叫聲中，聽見他的吼叫，聽起來半是痛苦、半是勝利。她往下跑到樹叢邊，不知道他是受傷了，還是發現了什麼美麗的東西。這時，她看見他佇立岸邊，臉龐迎向陽光，臉頰和雙手滿是鮮紅，猶如愉悅、毫不後悔的伊底帕斯。」(55)

55 巴拉德（J. G. Ballard），〈昏暗午間的喬康達〉（*Die Gioconda des Mittagszwielichts*），收錄在《不可能的人》（*Der unmögliche Mensch*，暫譯），慕尼黑，一九七三，頁一一八－一二七，此段引自頁一二七。

齊澤克認為，主角麥特蘭遵循著柏拉圖理想主義的部署。然而這是錯誤的。柏拉圖理想主義部署的根本問題在於：「我們如何從變動、永不停歇的『虛假』物質現象的現實，進入思想的真正現實（從只能看得到影子的洞穴，來到能夠遠望太陽的日光下）。」[56]根據齊澤克的觀點，麥特蘭直視陽光，希望「能夠看見事物的全貌」，也就是能夠看得更多、更清楚。[57]但是，麥特蘭其實遵循的是一種反柏拉圖式的部署。他摧毀自己的眼睛之**光**（Augenlicht），亦即視力，敢於從超高能見度的現實世界**退回**洞穴，退回幻象與渴望的昏暗空間。

關上眼睛，事物內在的音樂才會響起，才能在事物之前逗留。羅蘭・巴特引用卡夫卡說：「拍攝事物，目的是為了忘記他們。我的故事，是一種關上眼睛。」[58]今日，面對巨量高度可見的圖片，我們**不可能關上眼睛**。而且圖片變換神速，也不允許我們有時間這樣做。閉眼是一種**否定性**，不見容於現代加速社會的肯定性與超級能見度。強迫性的過度警覺，增添閉眼的困難，也導致功績主體神經衰弱。沉思，是一種完結形式。**閉上**眼睛正是**完結的可見標誌**。唯有安靜沉思，才會有所覺察。

伴隨著超級能見度而來的，是門檻與界線的拆除。超級能見度也是透明社會的終極目標。當空間被弭平、被平整，就會變得透明。門檻與過渡通道，都是神祕與謎樣的區域，也是無處的**他者**誕生之處。界線與門檻一旦消失，**對於他者的幻想**也會消亡。沒有門檻的否定性，沒有經歷過門檻，幻想就會萎縮。當今的藝術與文學危機，可以歸因於想像出現了危機，歸因於**他者消失**，也就是歸因於**愛欲瀕臨垂亡**。

56 斯拉沃熱・齊澤克（Slavoj Žižek），《幻覺的瘟疫》（*Die Pest der Phantasmen*，暫譯），維也納，一九九九，頁八二。

57 同上，頁八一。

58 羅蘭・巴特，《明室》，同前，頁六五。

如今，即使豎起界線或圍牆，也不能再刺激想像，因為它們無法產生**他者**，僅是貫穿遵循經濟法則的相同者地獄。因此，它們隔開了富人與窮人。造就這類新式界線的是資本。但是，金錢原則上能使萬物**相同**，弭平本質上的差異。這類界線作為排外的拒絕機制，會廢除**對於他者的幻想**。它們不再是**門檻**，不再是通往**其他地方**的**過渡通道**。

POLITIK DES EROS

愛欲的政治

愛欲中存在著「普世的核心」[59]。當我注視著一副美麗的軀體，便已走在通往美麗的路上。愛欲喚醒並驅動靈魂「在美當中誕生」[60]。愛欲展現出精神的欣欣向榮。**受到愛欲驅動**的靈魂，能夠產出美麗的事物，尤其是具有普世價值的美好行為。這就是柏拉圖的愛欲學說。他的愛欲學說並非一如普遍的認知，單純是反感官或反情欲。如果愛被褻瀆成性欲，就像今日一樣，愛欲的普世特質就會消失。

柏拉圖認為愛欲引導著靈魂，擁有支配靈魂三部位的權力。三部位是欲望（epithymia）、激情（thymos）與理智（logos）。各個靈魂部位都有各自的愉快經驗，對美有自己的詮釋方式。[61]今日，欲望似

59 阿蘭・巴迪歐，《愛的多重奏》，同前，頁二三。
60 〈饗宴篇〉（*Symposion*），二〇六b。
61 參閱湯馬斯・亞歷山大・斯勒扎克（Th. Alexander Szlezák），柏拉圖的「靈魂」（›Seele‹bei

乎主宰靈魂的愉快經驗。因此，行為很少受到**激情驅動**。**憤怒**是激情的，它徹底破除現狀，建立新局面。但當今的憤怒被不快或不滿取代。不快與不滿缺乏破舊立新應有的否定性，導致現況持續存在。而沒有愛欲，理智也會墮落為數據驅動的計算。但是這種計算無法估算到特殊事件，以及不可預測的因素。愛欲不可與欲望混淆。[62]愛欲不僅在欲望之上，也在激情之上。愛欲能促發激情產生美麗的行為。**激情**應該是愛欲與政治的接觸之處。但是，現代政治非但沒有激情，也完全不見愛欲，早已退化成純粹的勞動。新自由主義尤其以性和色情取代愛欲，所以導致社會普遍去政治化。新自由主義的根基是欲望。在功績主體自我孤立的倦怠社會中，激情也徹底凋萎。一個共同的行動，亦即**我們**，是不可能存在的。

愛的政治學絕對不存在。政治是敵對的。但是政治行為中有個層面，與愛欲的交流十分廣泛。愛欲可以進行政治上的轉換。在政治行為背景下展開的愛情故事，點出了愛欲與政治的祕密連結。法國哲學家阿蘭·巴迪歐雖然不承認政治與愛情直接連結，但他認為全心投入政治理念的生活模式與愛情特有的強度之間，有種「祕密共鳴」。這種政治生活與愛情，「就像兩種音色與音量截然不同的樂器，但當偉大的音樂家把它們編入同一首樂曲時，又協調得不可思議。」[63]政治行為是一種共同的渴望，渴望另一種生活方式，渴望另一個公平世界，與愛欲在深層是緊密連結的。愛欲，是政治反抗的能量來源。

愛，是「雙人舞台」[64]。它打破一人視角，讓世界從**他者**的觀點，或說**差異**的觀點中重新復活。愛是經歷與相遇，其標誌是顛覆的否定性：「顯而易見，受

Platon），收錄在《哲學史中的靈魂概念》（*Der Begriff der Seele in der Philosophiegeschichte*），克萊恩（H.-d. Klein）編選，二〇〇五，烏茲堡，頁六五－八六，此段摘自：頁八五。

62 參閱羅柏・普法勒，《污穢的聖潔與純淨的理性》，頁一四四：「在《理想國》（*Politeia*）中，柏拉圖將人類靈魂分成三部分：理智、欲望與激情。」

63 阿蘭・巴迪歐，《愛的多重奏》，同前，頁六二。

64 同上，頁三九。

到與愛邂逅的影響，如果我**真的**想要對愛忠誠，就必須從頭到腳徹底翻轉我平常活出（habiter）自己處境的方式。」(65)「事件」，是一個「真實」時刻，能將另一個截然不同的全新存在方式引進當前的處境，亦即引進**生活**（habiter）的習慣中。事件會導致目前處境無法解釋的情況出現，打破相同者，有益於**他者**存在。事件的本質是斷裂（Bruch）的否定性，這種否定性讓完全不同的事情得以展開。事件的特性（Ereignishaftigkeit）將愛與政治或藝術連結在一起。它們全都強烈需要對事件「忠誠」。這種**先驗的忠誠**，是愛欲的一種普遍特質。

轉變的否定性，或說完全他者的否定性，對性是陌生的。性主體始終是相同的。不會有**事件**偶發在性主體身上，因為可消費的性主體不是**他者**。我對這一點毫不懷疑。性屬於會複製**相同者**的**慣性**（Habituellen）的秩序。那是**一個**對另外**一個**的愛，完全缺乏能搬演「雙人舞台」的他者性的否定性。色情由於完全刪除了他者性，因而加劇慣性化的過程，其消費者甚至連性**對象**也沒有。因此色情占據是**一人舞台**。色情圖像不具備他者的**反抗力**，也不具備真實的**反抗力**；不包含**禮儀**，也沒有**距離**。色情就是缺乏與他者的接觸與相遇，而這種自慰性的自我碰觸與自發情感，能夠保護自我（Ego）不受外來者的觸摸或攫取。色情因此強化了自我的自戀傾向。但是，愛作為事件，作為「雙人舞台」，卻是**去慣性化**與**去自戀化**的。它「打破」並「刺穿」慣性的秩序及相同者的秩序。

重新創造愛，曾經是超現實主義一個核心訴求。這種超現實主義重新定義的愛，是藝術的、存在的、政治的姿態。所以安德烈・布勒東賦予愛一種浩瀚廣博的力量：唯一配得上人類與宇宙的藝術，唯一能夠引領他超越群星的，〔……〕

65 阿蘭・巴迪歐，《倫理學：對邪惡的意識的實驗》（*Ethik. Versuch über das Bewusstsein des Bösen*，暫譯），維也納，二〇〇三，頁六三。

是情色。」[66]超現實主義者認為，愛欲是語言與存在進行詩意革命的媒介。[67]愛欲被昇華為創新改革的充沛能量來源，政治行為也從中獲得滋養。愛欲借助其浩瀚廣博的力量，將藝術之事、存在之事與政治之事相互連結。愛欲是一種革命性的渴望，渴望著截然不同的生活模式與社會。因此，它對於即將到來之事保持**忠誠**。

66 安德烈・布勒東（André Breton），「超現實主義國際大展」（Exposition internationale du surréalisme [Eros]），引自艾莉絲・瑪洪（Alyce Mahon），《超現實主義與愛欲的政治》（*Surrealism and the Politics of Eros*），倫敦，二〇〇五，頁一四三。

67 同上，頁六五。

DAS ENDE DER THEORIE

理論的終結

馬丁．海德格在給妻子的一封信中寫道：「另外那件事，以不同的方式緊密連結著我對妳的愛以及我的思想，很難說得清楚。我稱之為愛洛斯（Eros），根據巴門尼德（Parmenides）的說法，那是最古老的一位神祇。當我的思想向前邁進重要的一步，冒險踏上無人涉足之處時，那位神揮動的翅膀就會觸動到我。當長久預想之事被引向可以言說的領域，當已被言說之事在未來很長一段時間必須湮沒在孤獨中，它對我的觸動或許更強烈、更驚人。要全然符合**那個**，又要保有我們自己的東西；要隨之飛翔，又要安然回返，同時要均衡兼顧兩者，是我容易失敗的地方，之後若非導向純粹的肉欲，就是藉由純粹的勞動，試圖強求那強迫不來的事情。」[68]若沒有無處的他者誘惑，在思想裡燃起情欲，就不過是純粹的勞動，一再複製**相同者**罷了。精

68《馬丁．海德格給妻子艾芙里德的信》(*Briefe Martin Heideggers an seine Frau Elfride 1915-1970*)，慕尼黑，二〇〇五，頁二六四。

打細算的思考方式欠缺無處的否定性，只是針對肯定性在工作，沒有否定性能使其不安。海德格認為，如果思想沒有受到愛欲的驅使，勇於邁入「無人涉足之處」，踏足不可估算的領域，就會墮落成「純粹的勞動」。在思想企圖將沉默無言、無處的他者轉化成語言的那一刻，會被愛洛斯的振翅觸動得「更加強烈」、「更為驚人」。受到數據驅使而只懂得精打細算的思考，徹底欠缺來自無處的他者的反抗。缺乏愛欲的思考，只是不斷重複，只是加法；缺乏愛欲的愛，沒有愛欲鼓舞其精神，只會退化成「純粹的肉欲」。肉欲與勞動隸屬於同一種秩序，同樣都缺乏精神與渴望。

不久前，《連線》雜誌總編輯克里斯・安德森（Chris Anderson），發表了一篇名為〈理論終結〉（*The End of Theory*）的爭議文章。他在文章中宣稱，現今由於難以想像的巨量數據可供使用，許多理論模型因而變得多餘：「谷歌這類公司，在今日數據量驚人的時代成長茁壯，無需屈就錯誤的模型。事實上，他們根本完全無需屈就任何模型。」[69]他們根據從屬性與依賴程度，來分析數據，找出模式（Pattern）。直接比對數據，不再使用假設性的理論模型，關聯性取代了因果關係：「從語言學到社會學，人類行為的各種理論全遭淘汰。忘掉分類學、本體論和心理學。誰知道人為什麼會做出他們所做之事？關鍵在於他們做了，而我們可以加以追蹤、測量，精準度前所未見。有了充沛的數據，數字自己會說話。」

安德森的假設，建立在一個經過簡化的薄弱理論概念上。理論不單是一個能夠透過實驗來驗證或者反駁的模型或假設。柏拉圖的理型論或黑格爾的精神現象學之類的**強力理論**（Starke Theorien），都不是能夠被數據分析取代的模型，他們強調的是思考。理論是一種重要的裁決，讓世界得以展現截然不同的樣貌，是一種基本又原初的決策，決定什麼是一分子，什麼不是；哪些**存在**或者**應該存在**，

69《連線》（*Wired*）雜誌，二○○八年七月十六日。

哪些又無關緊要。理論作為高度精選的**敘事**（Narration），在「無人涉足之處」，開闢了一條差異化的通道。

沒有所謂受到**數據驅動**的思考，唯有計算才會受到數據驅動。思考，深深具有不可估算的否定性，所以高於「數據」，亦即高於「既有之物」，是**預先存在的**（vorgegeben）。以思考為基礎的理論，是一種**預先給定的方針**（Vor-Gabe），超越既有之物的肯定性，使得既有之物也能一下子呈現出不同的風貌。這不是浪漫主義，而是從一開始就有效的思考邏輯。巨量數據與資訊無止境地增加，導致現今的科學與學術大大偏離理論，偏離了思考。資訊本身是肯定的、正面的。奠基於數據的肯定性科學（所謂的谷歌科學），疲於校準數據、比較數據，導致理論終結。這種科學是**加法的**，或者說是**偵查式的**，而非**敘事**或**詮釋性的**，缺乏貫穿的敘述張力，因此**瓦解成**各式資訊。由於資訊與數據大量激增，現在比以往實則更迫切需要理論。理論能夠阻止事物混雜與滋長，減少無序的訊息熵。理論在解釋世界之前，能夠先**釐清**世界。我們必須考慮到理論與儀式有共同的起源，都賦予世界**形式**（Form），形塑事物的流程，建構框架，以免事物漫流氾濫。可是，現在的巨量資訊反而導致**變形**（deformativ）。

巨量的資訊，大大增加世界的訊息熵，提高了噪音等級。思考需要安靜，是在安靜中的探索。現今的理論危機，相當於文學與藝術的危機。法國新小說（nouveau roman）的代表米歇爾．比托爾（Michel Butor），認為那是一種精神危機：「我們不僅處於經濟危機當中，也面臨文學危機。歐洲文學正受到威脅。我們在歐洲所經歷的，正是精神的危機。」[70]比托爾對於從何辨認這是一種精神危機的問題，如此回答：「過去十年或二十年，文學幾乎沒有什麼變動。出版品源源不絕，精神卻是停滯的。危機就源自於溝通。新的溝通工具值得讚揚，卻製

70《時代》（*Zeit*），二〇一二年七月十二日。

造了可怕至極的噪音。」不斷激增的資訊，**過量的肯定性**，不過就是噪音。透明社會與資訊社會是高分貝噪音的社會。若沒有了**否定性**，就只會出現相同者。精神（Geist）原意本為騷動不安，之所以活躍蓬勃，都要歸功於否定性。

數據驅動的肯定性科學，既無法帶來**深刻見解**，也無法揭櫫真理。資訊只不過是膚淺的**知識**，而知識不等於**認知與見解**。知識有鑑於其肯定性，是加總的，是累積的。代表肯定性的資訊，改變不了什麼，也無法預示任何事，完全是**沒有效果的**。但是，認知與見解是一種否定性，是獨有、精選的，是需要執行的。所以，要先有**經驗**（Erfahrung），才能取得認知與見解；認知與見解才有能力徹底動搖現狀，重新開展**截然不同的他者**。過度汲取知識，無法產生見解與認知。資訊社會是一種體驗社會（Erlebnisgesellschaft）。就連體驗也是加總、累積的。經驗與體驗的差異在於，前者往往是**一次性**的。因此，體驗也沒有機會接觸到全然的他者，缺乏會**改革**的愛欲。性，也是愛的一種肯定化的體驗模式，因此也是加總與累積的。

在柏拉圖的《對話錄》中，蘇格拉底是引誘者、愛人與情人，由於他的獨特怪異，所以被稱為**無處**（atopos）。他的言論（理性，logos）成為一種**情色誘惑**，因此被比喻為林神馬西亞斯（Marsyas）。眾所周知，林神和西勒諾斯神（Silenen），都是酒神戴歐尼斯的隨從。而蘇格拉底比吹笛手林神馬西亞斯更令人贊賞，因為他單純只用話語，就教人迷惑，心蕩神怡。任何聽到他話語的人，無不神魂顛倒，不能自已。阿爾西比亞德斯（Alkibiades）說，每當聽到蘇格拉底說話，他的心就狂跳，比起聽聞酒神祭司科里班特舞蹈（Korybantentanz）狂歡時，跳得還要厲害。他就像被蛇咬傷一樣，被「智慧之言」（即「哲學的言論」，philosophia logon）所傷。蘇格拉底的話語催人落淚。至今，幾乎沒人注意在哲學與理論濫觴之初，理性與愛欲的關係即密不可分的驚人事實。沒有愛欲的力量，理性是乏弱無力的。阿爾西比亞德斯表示，與蘇格拉底相比，伯里克里斯（Perikles）或其他大演說家，都無法令他激動或是陷入惶惶不安。他們的言論缺乏情色的誘惑力量。

愛欲引領且誘惑思考，穿越**無人涉足之境**，穿越無處的他者。蘇格拉底的語言魔力，歸因於**無處性的否定性**，但不會走到**困惑死巷**（Aporie）。因為與傳統看法不同的是，柏拉圖認為愛洛斯的父親是豐盛之神**波洛斯**（Poros）。波洛斯的意思是道路。思考，雖然冒險進入無人涉足之境，卻不會在其中迷失。由於愛洛斯的出身，所以他能夠為思考指出**道路**。哲學是將愛欲轉化為理性。海德格承襲了柏拉圖的愛洛斯理論。他察覺只要在思考中邁出重要的一步，踏進無人涉足之境，就會受到愛洛斯的翅膀觸動。

柏拉圖稱呼愛洛斯是**智慧之友**（philosophos）。(71)哲學是朋友，是情人。但是，這個情人並非外顯的人格，不是源自於經驗的情況，而是「思想的內部存在、思想本身的機會條件、活生生的類別、先驗的體驗。」(72)嚴格來說，思考是與愛欲一起展開的。必須要先成為朋友、情人，才能夠思考。若無愛欲，思考會失去活力，也失去騷動，只會變得反覆，成為單純的回應。愛欲對於無處**他者**的渴望，可以刺激思考。在《何謂哲學？》一書中，德勒茲與伽塔里將愛欲提升為思考的可能性的先驗條件：「一旦『朋友』是進行思考的〔……〕條件時，那麼『朋友』是什麼？是情人嗎？會不會是情人呢？本以為他者被排除在純粹的思考之外，而今又在思考中導入與他者的活躍關係的，難道不正是朋友嗎？」(73)

71〈饗宴篇〉，二〇三e。

72 德勒茲／伽塔里（Gilles Deleuze / Félix Guattari），《何謂哲學？》（*Was ist Philosophie?*，暫譯），法蘭克福，一九九六，頁七。

73 同上。

愛欲之死 / 韓炳哲（Byung-Chul Han）著；管中琪譯. --
初版. -- 臺北市：大塊文化出版股份有限公司, 2022.06
96面；14×20公分. --（walk：27）
譯自：Agonie des Eros.
ISBN 978-626-7118-48-1（平裝）

1.CST：欲望　2.CST：愛

176.86　　111006527

LOCUS

LOCUS

LOCUS

LOCUS